# Der Jungbrunnen durch Ursuppe
## Heilung durch den Anfang

Mutter Hautberg

# Der Jungbrunnen durch Ursuppe

## Heilung durch den Anfang

Bibliografische Information der Deutschen Nationalbibliothek
Die Deutsche Nationalbibliothek verzeichnet diese Publikation in der Deutschen Nationalbibliografie; detaillierte bibliografische Daten sind im Internet über http://dnb.d-nb.de abrufbar.

ISBN    9783754384282

4,99 Euro

Zuerst war ein Stein. Dann schien die Sonne darauf und es entstand die Ursuppe. Verteilt ins Universum entwickelte sich daraus Leben.

Was denkst Du? Wie viel Ursuppe hast Du noch in Dir? Nachgewiesen nur 0,5 Prozent

Je mehr man davon hat, desto gesünder ist man, hat mehr Glück und zieht nur das Gute an. Alle schlimmen Dinge gehen an einem vorbei

Dieses Buch wurde durch einen Ursuppenvulkan auf Planeten Oxen 22 gezogen.

Wenn Du dieses Buch geöffnet vor Dich legst und Dich am Morgen 10 Minuten bescheinst, so wirst Du den gesamten Tag gesunden. Nach einem Jahr Behandlung ist man 20 Jahre jünger.

Garantiert. Bestimmt. Vielleicht. Na ja. Ach doch. Mal schauen. Sie werden schon sehen. Viel Genuss.

Mutter Hautberg